Die Gleiche FARBE Daumen Hoch

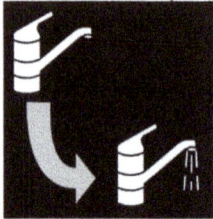

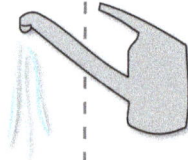

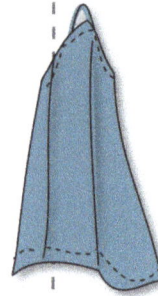

Finde die Paare! Wofür brauchen wir es?

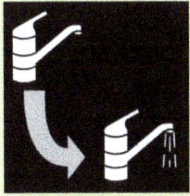

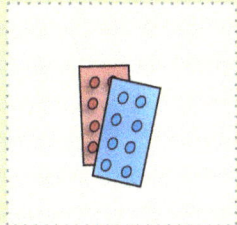

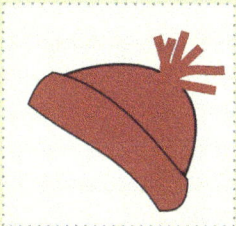

Super-A will Hände waschen. Hilf ihr beim Wasser aufdrehen
... Einseifen ... Hände trocknen. Gib einen Daumen hoch!

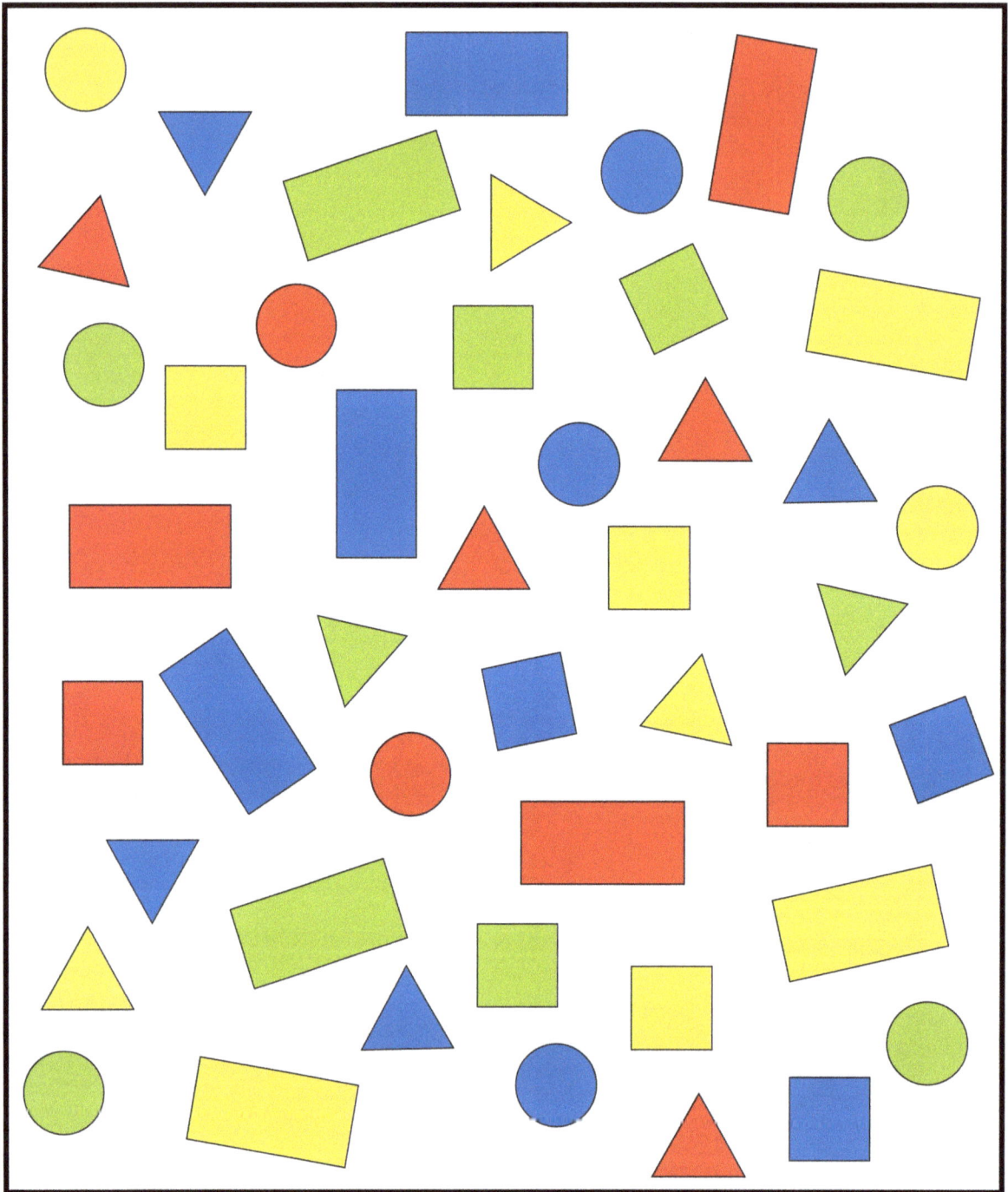

Finde **ALLE** ●

ERST		DANN

 →

 →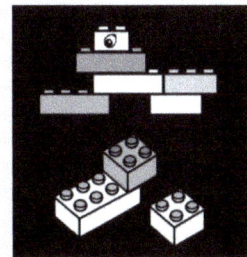

 →

Adrian will backen … mit Legos spielen … essen.
Aber muss Adrian erst seine Hände waschen oder nicht?
(Nutz die Piktogramm-ausschnitte der letzten Seiten)

ERST

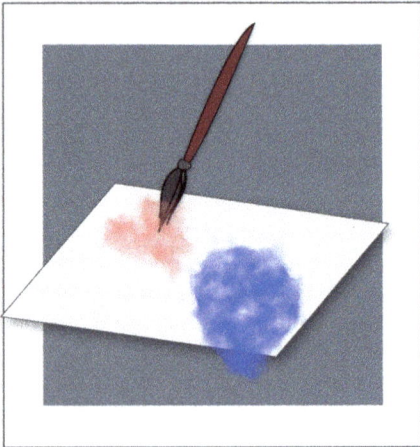

 # DANN

Super-A hat ihre Wasserfarben benutzt ...

Muss Super-A sich die Hände waschen? Warum?

ERST

DANN

Adrian war auf der Toilette …

Muss Adrian sich die Hände waschen? Warum?

Finde **ALLE**

Jeder will sich die Hände waschen!
Hilf ihnen beim Warten. Wer bekommt zuerst Seife?
(Schneide die Personenkarten von den letzten Seiten aus)

Alle wollen etwas trinken!
Hilf ihnen beim Warten. Wer darf zuerst trinken?

1   2   3

Alle wollen, dass Mama ihnen mit den Schuhen hilft!
Hilf ihnen beim Warten. Wer darf zuerst Schuhe anziehen?

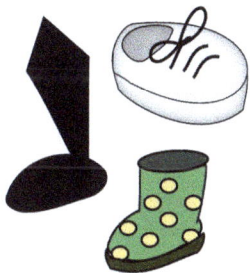

Super-A will ihre Hände waschen.

Was gehört nicht hierher? Gib einen Daumen runter!

Super-A will ihre Hände waschen.
Finde das, was sie dafür braucht!

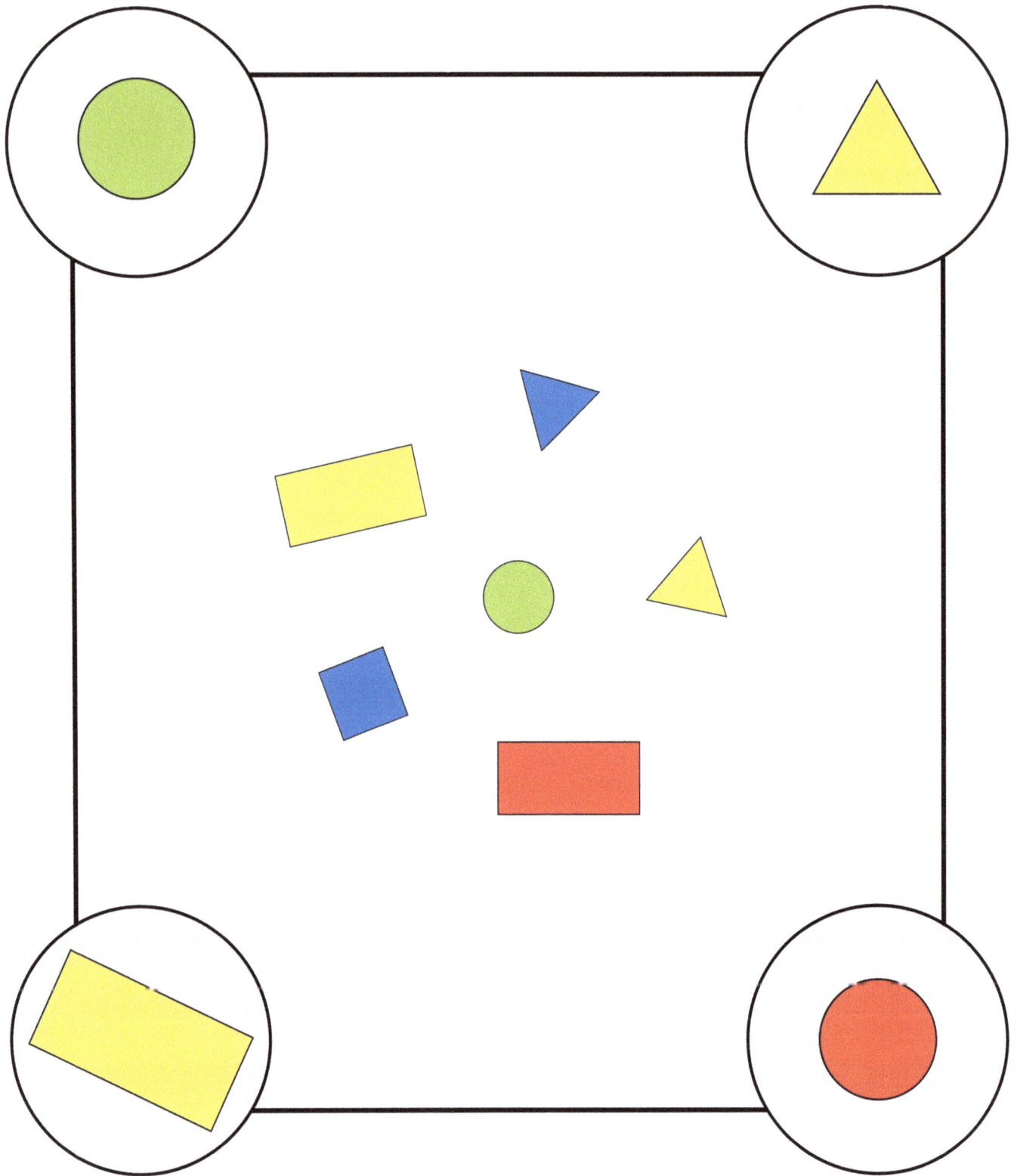

Finde **?** Gleiche

Warte! Adrian und Super-A können noch keinen Snack haben. Was muss Mama erst an den Tisch bringen?

 ODER

 ODER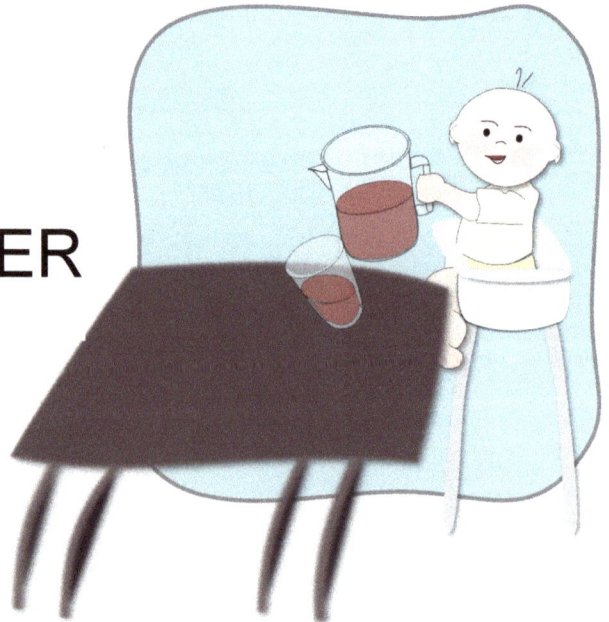

Warte! Wer sollte es tun? Warum?
Gib einen Daumen hoch ... oder runter.

ODER

ODER

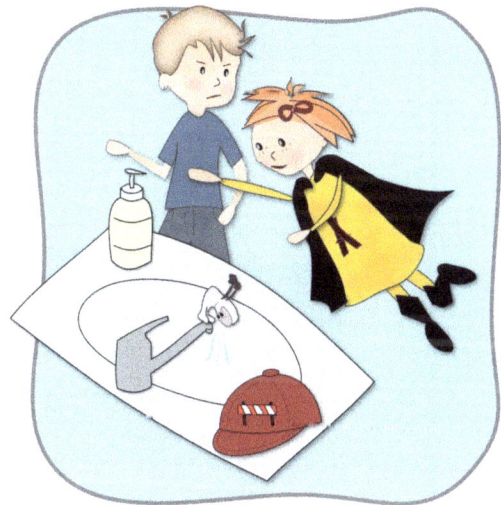

Wie solltest du warten?

Gib einen Daumen hoch … oder runter.

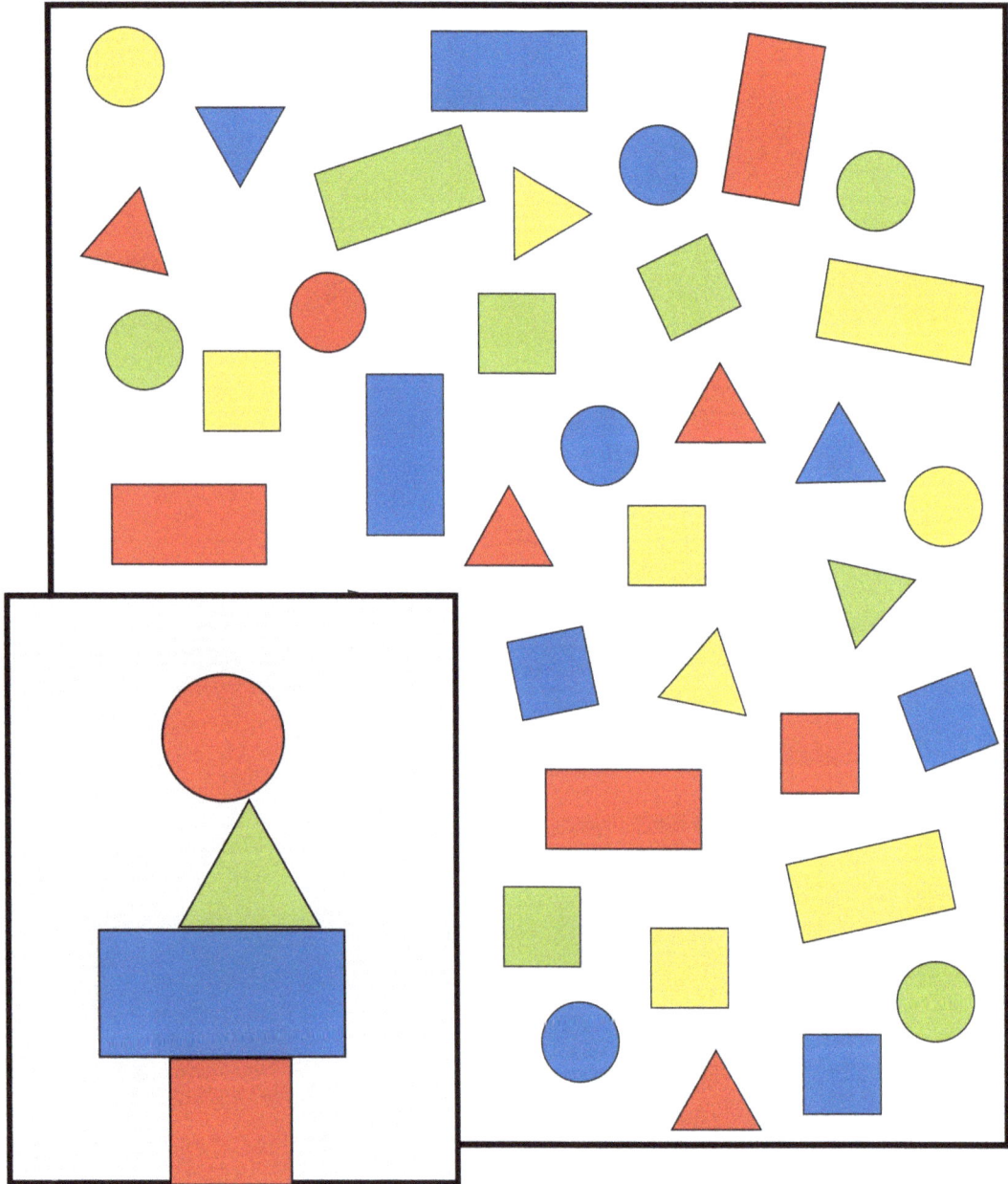

Finde **4 KLÖTZE** zum Bauen

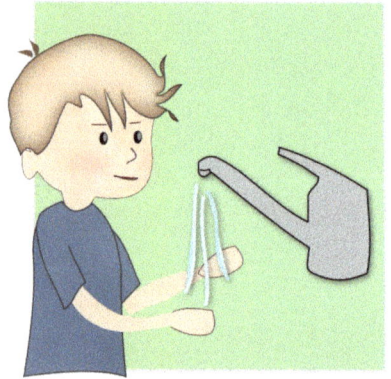

DAUMEN RUNTER

DAUMEN HOCH

→

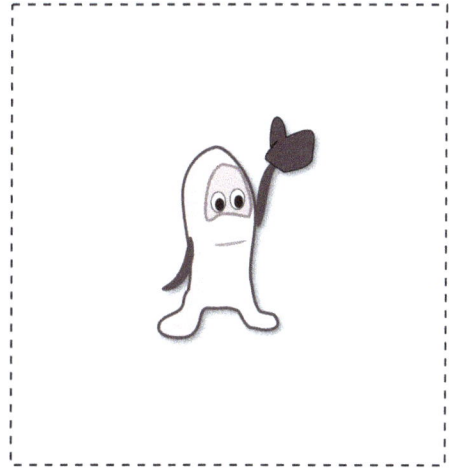

Wir … trocknen uns die Hände ab … waschen uns die Hände …
nehmen Seife … mischen … und backen.
Was ist richtig?

(Schneide die Memorykarten aus. Spiele Memory
und gib den Daumen hoch und runter für jedes Paar!)

Hilf Super-A beim Händewaschen! Welche Reihenfolge ist richtig?
(Schneide die Piktogramme von den letzten Seiten aus!)

| 1 | 2 | 3 | 4 | 5 |

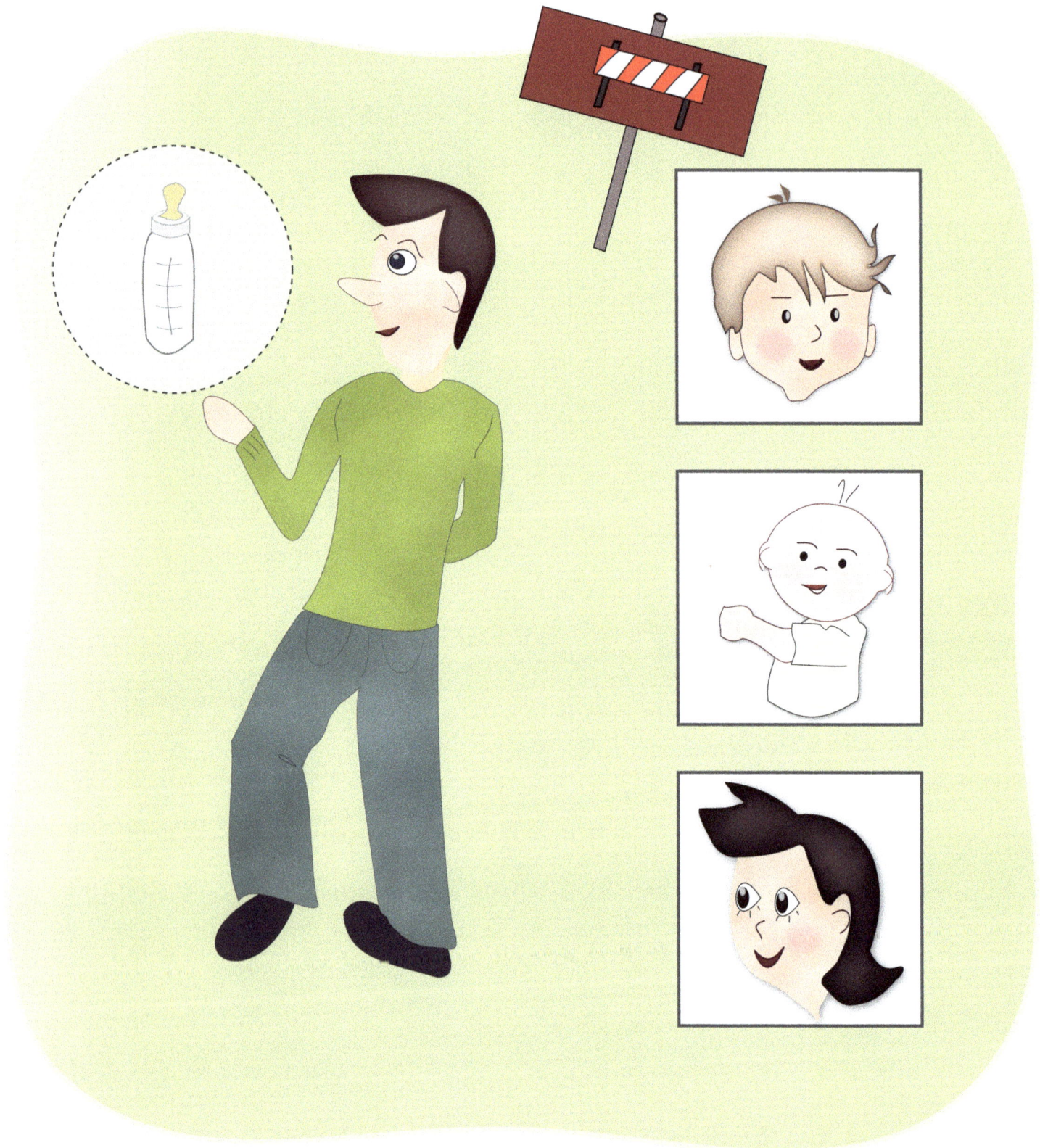

Papa geht die Flasche holen. Wer wartet darauf?
Lege die rote Warte-Kappe auf Adrian, das Baby oder Mama.
(Schneide Kreise und Kappe auf der nächsten Seite aus)

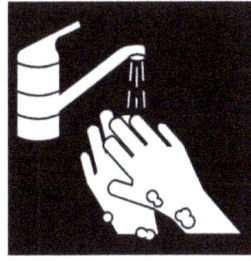

Ausschnitte für die Übungen. Oben: Hände waschen vorher/danach.

Unten: Hilf ihnen beim Warten. Ordne die Piktogramme in Reihenfolge.

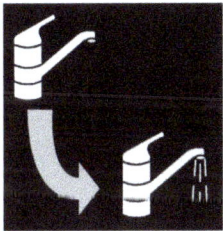

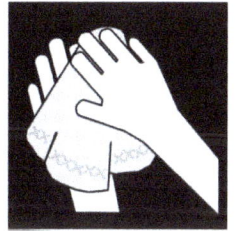

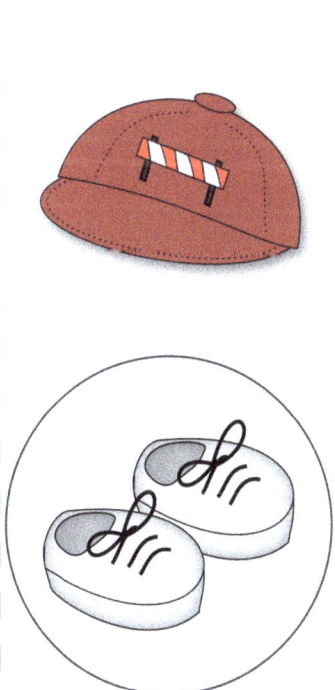

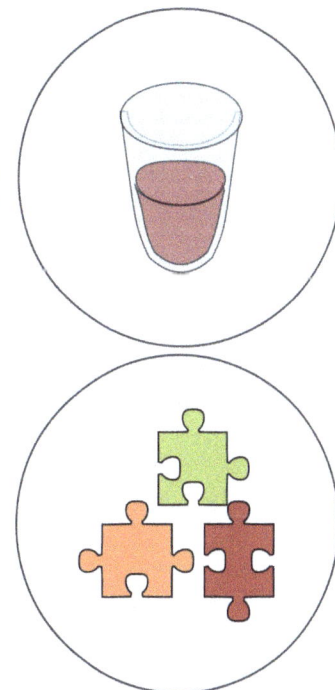

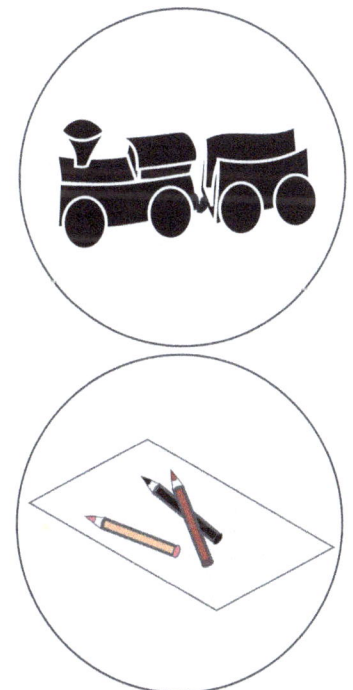

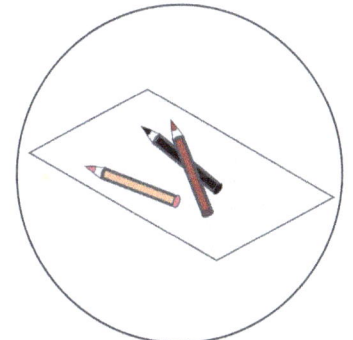

Nehmen Sie eigene Fotos dazu und lehren Sie Ihr Kind, zu warten.

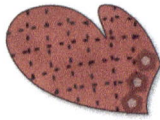

| Seife | Ofenhandschuhe | Butter | Eier |

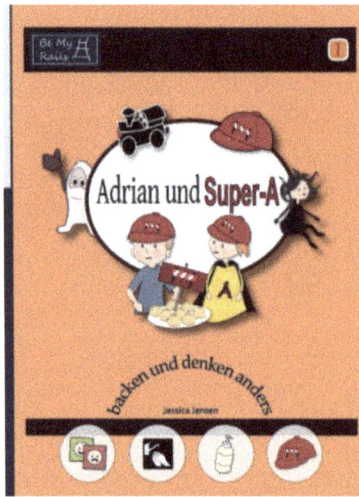

Pst ...! Es gibt weitere Übungsbücher zum Ersten Buch mit
Adrian und Super-A

NEULINGE Waschen Hände & warten mit Adrian und Super-A:
Lebenskompetenzen für Kinder mit Autismus und ADHS
NEULINGE Üben 2 © Jessica Jensen und Be My Rails Publishing 2015

Deutsche Übersetzung: Kathrin Dürkop
Piktogramme: www.sclera.be
ISBN 978-91-982414-1-9
Be My Rails Publishing
www.BeMyRails.com

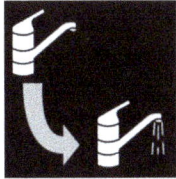

Wasserhahn öffnen	Seife nehmen	Hände waschen (mit Seife)	Wasserhahn schließen	Handtuch nehmen	Hände trocknen

Nutzen Sie die Piktogramme mit Herrn Spur, dem Zug! (Aus „NEULINGE ÜBEN 1")

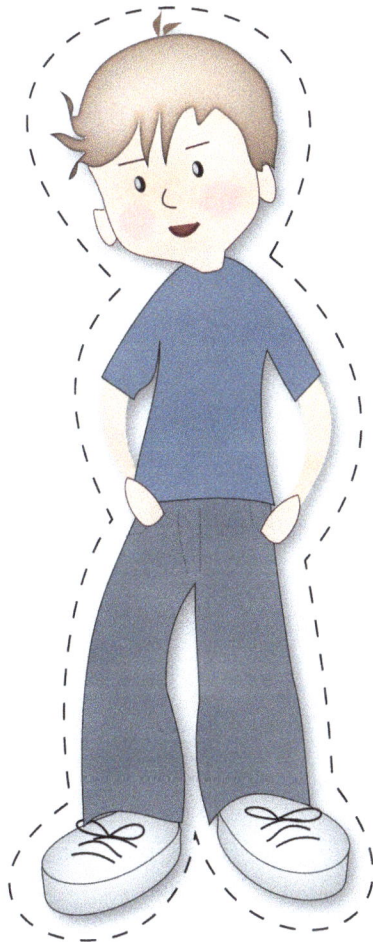

Unsere Freunde aus den Adrian und Super-A Büchern!
Besuchen Sie BeMyRails.com und melden Sie sich für den Newsletter an.
Wir informieren Sie sofort, wenn das nächste
Buch zu Lebenskompetenzen verfügbar ist!

www.ingramcontent.com/pod-product-compliance
Lightning Source LLC
Chambersburg PA
CBHW040002040426
42337CB00032B/5195